미켈란젤로

루이종 쿠지 글 · 마르탱 데스바 그림 | 이세진 옮김

비룡소

1475년

그림 그리기를 좋아한 아이

미켈란젤로 부오나로티는 1475년 3월 6일, 현재 이탈리아 중부에 있는 작은 도시 **카프레세**에서 태어났어요. 다섯 형제 중 둘째였지요.

미켈란젤로는 여섯 살 때 어머니를 여의고, 아이를 대신 키워 주는 유모의 집에서 지냈어요. 유모의 남편은 돌을 다듬어 물건을 만드는 석공이었지요. 덕분에 미켈란젤로는 어릴 때부터 대리석을 깎고 다듬는 작업을 지켜볼 기회가 많았답니다.

열 살이 된 미켈란젤로는 학교에 다니기 위해 도시인 피렌체로 가서 아버지와 함께 살았어요. 하지만 학교 수업은 열심히 듣지 않고 몰래 **그림**만 그렸지요!

아버지는 미켈란젤로가 화가가 되는 것을 반대했지만, 그의 뛰어난 재능을 보고 결국 그림 그리는 것을 허락해 주었어요. 그리하여 미켈란젤로는 열세 살 때 화가인 도메니코 기를란다요의 제자가 되었지요.

1488년

피렌체에서 만난 미술 스승

미켈란젤로는 기를란다요 밑에서 프레스코* 벽화*를 따라 그리며 그림을 익히고, 조각도 공부했어요. 미술을 제대로 배운 지 1여 년 만에 그는 재능을 인정받고 든든한 후원자를 만났지요. 바로 피렌체를 다스리며 '위대한 자'라고 불리던 **로렌초 데메디치**였어요.

위대한 자 로렌초 데메디치는 최고의 예술가와 지식인 들을 가까이하며 학문과 예술을 크게 번성시켰어요. 덕분에 피렌체는 유럽에서 가장 유명한 도시가 되었지요. 이 무렵 이탈리아는 화려한 **르네상스*** 시대를 꽃피우고 있었답니다.

미켈란젤로는 열다섯 살 즈음에 이 작품을 완성했어.

평평한 면에 새긴 부조*인데도 왼쪽에 있는 계단 덕분에 깊이가 느껴지지? 미켈란젤로만의 탁월한 솜씨야!

「계단의 성모*」
1490년경, 대리석에 부조, 56.7×40.1cm, 카사 부오나로티, 이탈리아 피렌체

1494년

피렌체를 떠나다

1492년에 위대한 자 로렌초 데메디치가 세상을 떠났어요. 이제 더 이상 열일곱 살의 미켈란젤로를 후원해 줄 사람이 없었지요. 한편, 종교 지도자 사보나롤라가 피렌체에 커다란 정치적 변화를 일으키고 있었어요.

사보나롤라는 예술보다는 종교 활동에 집중해야 한다고 피렌체 사람들을 부추겼어요. 예술을 하기 점점 더 힘들어진 미켈란젤로는 1494년에 피렌체를 떠나기로 마음먹었지요.

아직 수련을 다 마치지 못했지만,
미켈란젤로는 크게 걱정하지 않았어요.
워낙 재능이 뛰어나서 베네치아나 볼로냐 같은
다른 도시에서도 이미 유명했거든요.

1496년, 스물한 살의 젊은 나이에 미켈란젤로는 대도시인 **로마**로 오라는 제안을 받았어요. 가톨릭교회에서 교황 다음가는 위치인 라파엘레 리아리오 추기경이 그의 소문을 듣고 만나자고 한 거예요.

1496년

살아 숨 쉬는 듯한 조각상

리아리오 추기경은 예술을 무척이나 사랑하는 사람이었어요. 수백 년 된 고대 조각상을 여럿 가지고 있었지요. 그는 미켈란젤로에게 여느 조각상에 비할 수 없이 완벽하게 아름다운 작품을 만들어 보라고 했어요.

미켈란젤로는 그 뜻에 따라 놀라운 작품을 완성했어요. 로마 신화에 나오는 술의 신 바쿠스를 생생하게 표현한 그의 조각상은 실제로 술에 취해 비틀거리는 듯했어요. 신을 이런 모습으로 표현한 것도 처음이었지만, 살아 숨 쉬는 듯한 「바쿠스」에 사람들은 놀라움을 감추지 못했어요.

이 조각상의 주인공인 바쿠스는 그리스 신화에서는 디오니소스라고 불러. 술의 신답게 머리카락이 포도주를 만드는 포도송이로 되어 있고, 곁에는 파우누스가 시중을 들고 있지. 숲의 정령인 파우누스는 그리스 신화에서는 사티로스로 불리는데, 반은 인간, 반은 염소의 모습이야.

「바쿠스」
1496-1497년, 유광 대리석, 높이 203cm, 바르젤로 국립 미술관, 이탈리아 피렌체

1499년

영원한 아름다움을 담은 피에타

「바쿠스」가 좋은 반응을 얻자, 다른 사람들도 미켈란젤로를 주목하게 됐어요. 이번에는 프랑스 추기경이 미켈란젤로에게 조각상을 주문했지요. 미켈란젤로는 십자가에서 내린 예수의 시신을 무릎에 눕힌 채 슬픔에 잠긴 성모 마리아를 담은 조각상을 만들었어요.

미켈란젤로는 성모 마리아의 슬픔보다는 **영원한 아름다움**을 표현하고 싶었어요. 그는 하얗고 매끈한 크림색 대리석을 골라, 성모 마리아를 젊은 여성의 모습으로 표현했어요. 「**피에타**」는 큰 성공을 거두었고, 미켈란젤로는 더욱더 유명해졌어요.

「피에타」
1498-1499년, 대리석, 174×195cm, 성 베드로 대성당, 바티칸 시국

「피에타」는 미켈란젤로가 유일하게 서명을 남긴 조각상이야. 성모 마리아의 어깨띠에 '피렌체의 미켈란젤로 부오나로티가 만들었다.'라고 새겨져 있어.

1972년에 어떤 사람이 망치로 성모 마리아의 눈과 코와 팔을 망가뜨리는 사건이 있었어. 작품은 원래대로 복원하여 방탄유리 속에 보관하고 있지.

1501년

조각상에서 강렬한 힘이 느껴져

「피에타」 덕분에 미켈란젤로는 여러 도시에 이름을 알렸어요. 어디에서나 천재라고 불렸지요. 한편 예술을 억압하던 사보나롤라가 죽자, 피렌체는 다시 자유로운 분위기를 띠기 시작했어요. 그 무렵 미켈란젤로는 다비드 조각상을 만들어 달라는 주문을 받았어요. 다비드는 성경에 등장하는 영웅 다윗으로, 거인과 싸워 이긴 용감한 청년이에요.

그의 걸작 **「다비드」**가 피렌체의 광장에 세워지던 날, 도시 전체에 크고 화려한 축제가 열렸어요.

「다비드」를 보면 예술 작품이 뿜어내는 압도적인 힘이 느껴져. 거인 골리앗에 맞서는 젊은 청년의 강렬한 눈썹과 확고한 표정을 잘 살펴봐!

「다비드」는 「피에타」와 더불어 서양 미술사에서 가장 유명한 작품으로 꼽혀.

「다비드」
1501-1504년, 대리석, 높이 517cm, 아카데미아 미술관, 이탈리아 피렌체

1504년

붓 을 든 경쟁

미켈란젤로는 1504년에 피렌체의 베키오 궁전에 벽화를 그려 달라는 주문을 받았어요. 그런데 **레오나르도 다빈치**도 같은 장소에 벽화를 그리게 되었지요.

두 사람 모두 전투 장면을 그려야 했어요. 달라도 너무 다른 두 천재가 뜻하지 않게 치열한 경쟁을 벌이게 된 거예요.

레오나르도 다빈치는 사람들에게 무척 인기 있는
예술가였어요. 그는 미켈란젤로보다 나이가 훨씬 더 많았고
오래전부터 교황과 왕족의 사랑을 듬뿍 받고 있었지요.
반면에 미켈란젤로는 사람들과 잘 어울리지 않고 예술밖에
모르는 **독불장군**이었어요. 두 사람의 공통점은 딱 하나였지요.
주문받은 작품을 끝내지 못한 적이 많다는 거예요.

1505년

조각처럼 보이는 동그란 그림

그 무렵, 미켈란젤로는 새로운 주문을 받았어요. 피렌체의 부유한 상인인 아뇰로 도니가 어린 예수와 아버지 요셉, 어머니 성모 마리아가 함께 있는 성가족 그림을 그려 달라고 했지요.

그때까지 주로 조각을 해 왔던 미켈란젤로에게 그림 솜씨를 보여 줄 좋은 기회가 온 거예요. 모든 면에서 여느 화가와 달랐던 그는 동그란 화폭에 그림을 그렸어요. 그런데 그가 그린 인물들은 마치 채색한 조각처럼 보였어요. 미켈란젤로는 그림에서도 **자기만의 스타일**을 찾은 거예요!

18

동그란 화폭에 그린 그림을 '톤도'라고 해. '둥글다'는 뜻의 이탈리아어 '로톤도(rotondo)'에서 온 말이야.

앞에 앉은 성모 마리아의 팔에 근육이 잘 보이지? 그림이지만 마치 조각처럼 입체감이 느껴져.

「도니 톤도」
1505-1506년, 목판에 템페라*, 지름 120cm, 우피치 미술관, 이탈리아 피렌체

1505년

뜻대로 못 하니 화가 나!

미켈란젤로는 교황 율리우스 2세의 부름을 받았어요. 율리우스 2세는 규모가 큰 작품을 좋아했어요. 그는 교황의 **무덤**을 3층으로 짓고, 40여 개의 조각상을 세우고 싶어 했어요. 미켈란젤로는 자신의 재능에 걸맞은 대형 작품을 만들 생각에 부풀었지요.

하지만 무덤이 들어갈 **성 베드로 대성당**이 먼저 지어져야 했어요. 대성당은 건축가 브라만테가 짓기로 했어요. 그는 미켈란젤로가 무덤을 맡은 것을 싫어했지요. 미켈란젤로는 브라만테와 뜻이 잘 맞지 않은 사이였기 때문에, 교황에게 버림받은 기분이 들었어요.

결국 그는 대성당을 짓는 공사가 시작되기도 전에 몹시 화를 내며 로마를 떠났어요.

1508년

경이로운 천장화

하지만 교황은 금세 다시 미켈란젤로를 로마로 불러들여 **시스티나 예배당의 천장화**를 그리게 했어요. 평평하지도 않은 둥근 천장에 그림을 그리는 것은 쉬운 일이 아니었어요. 미켈란젤로는 제대로 도와주는 사람도 없이, 발판 위에서 고개를 뒤로 젖히고 팔을 쳐든 자세로 계속 그림을 그려야 했지요. 그는 꼬박 4년을 매달려서, 천장 가득히 구약 성경에 등장하는 인물을 300명 넘게 그려 넣었어요.

미켈란젤로는 인물들의 근육과 신체의 움직임을 사실적이면서도 우아하게 그렸어. 이런 독특하고 강렬한 스타일 덕분에 시스티나 예배당의 천장화는 이탈리아 르네상스와 서양 미술사의 위대한 업적이 되었지.

「천지 창조」는 시스티나 예배당 천장화 중 하나야. 하루 평균 약 2만 명의 사람들이 시스티나 예배당을 보러 온다고 해.

「천지 창조(부분)」
1508-1512년, 프레스코, 4050x1320cm, 시스티나 예배당, 바티칸 시국

1513년

미완성 작품을 남기다

1513년 율리우스 2세가 세상을 떠난 뒤, 위대한 자 로렌초 데메디치의 아들인 레오 10세가 교황이 되었어요. 그는 미켈란젤로에게 율리우스 2세의 무덤을 마무리하라고 했지요. 미켈란젤로는 무덤을 설계하고 조각상도 여러 개 만들었지만 **끝내 완성하지 못했어요.**

미켈란젤로는 종종 작품을 끝내지 못했어요. 주문이 너무 많이 몰렸기 때문이기도 했고, 일부러 작품을 미완성 상태로 두기도 했지요. 미켈란젤로는 작품에 완성이란 없다고 생각했는지도 몰라요.

노예의 몸이 아직 대리석에서 빠져나오지 못한 것처럼 보이지? 이렇게 작품을 완벽하게 끝내지 않은 것을 '논 피니토'라고 해. 끝나지 않았다는 뜻이지.

「죽어 가는 노예」
1513-1515년, 대리석, 227.7×72.4cm, 루브르 박물관, 프랑스 파리

1519년

다재다능한 예술가

미켈란젤로는 다시 피렌체로 돌아왔어요. 여전히 그 도시를 지배하고 있는 메디치 가문은 그에게 산 로렌초 성당에 두 개의 **무덤**을 만들어 달라고 했어요.

이 무렵에 미켈란젤로는 다양한 분야에서 재능을 발휘했어요. 조각하고 그림만 그린 게 아니라, 파사드*와 도서관, 요새*를 **설계**하고 도면을 그렸지요. 게다가 아름다운 **시**를 수십 편이나 쓰고 **편지**도 많이 남겼답니다!

「줄리아노 데메디치의 무덤」
1520-1534년, 대리석, 산 로렌초 성당(메디치 예배당), 이탈리아 피렌체

「로렌초 데메디치의 무덤」
1520-1534년, 대리석, 산 로렌초 성당(메디치 예배당), 이탈리아 피렌체

무덤의 석관에 기대어 앉은 네 인물이 보이니? 왼쪽부터 순서대로 밤, 낮, 황혼, 새벽을 나타내. 미켈란젤로는 탄생에서 죽음에 이르는 인생의 네 시기를 나타내기 위해 이 네 인물을 세운 거야.

1536년

세월이 흐르고 교황은 계속 바뀌었어요. 클레멘스 7세, 그 후임인 바오로 3세도 미켈란젤로를 불러 작업을 의뢰했어요. 미켈란젤로는 시스티나 예배당의 제단 뒤에 벽화를 그리게 되었지요. 이제 예순 살이 넘은 그에게 무척 힘이 드는 **거대한 작품**이었답니다.

마침내 완성된 벽화를 보고 사람들은 저마다 한마디씩 했어요.
성스러워야 할 예배당에 벌거벗은 사람들을 수없이 그려 넣었다고 말이에요.

수백 년이 흐르는 동안 시스티나 예배당의 벽화는 먼지와 촛불의 그을음 때문에 처음의 색감을 잃었어. 하지만 복원 전문가들이 10년 넘게 매달려 되돌린 덕분에 완성 당시의 생생한 색감을 다시 볼 수 있게 됐지.

「최후의 심판」
1536-1541년, 프레스코, 1370×1200cm, 시스티나 예배당, 바티칸 시국

1546년

성당의 건축가가 되다

미켈란젤로는 일흔한 살에 성 베드로 대성당의 공사를 이어서 맡게 되었어요. 경쟁자였던 브라만테는 이미 세상을 떠났어요. 공사가 시작된 지는 40여 년이 지났지만, 성당은 아직도 완성되지 않았지요.

미켈란젤로는 조각과 회화*에서는 이미 **최고의 거장**으로 불렸어요. 이제 그는 성당 지붕에 꼭 맞는 대형 돔을 설계해서 건축으로도 인정받고 싶었어요.

성 베드로 대성당의 돔은 높이가 136미터가 넘어.
당시에는 세계에서 가장 높은 건물이었지.
안타깝게도 미켈란젤로는 이 돔이 완공되는 것을
보지 못하고 세상을 떠났어.

「성 베드로 대성당의 돔을 위한 습작*」
1547년, 흰 종이에 검은색 콩테*와 적갈색 분필, 27×26.8cm, 릴 미술관, 프랑스 릴

1547년

파올리나 예배당

1547년은 미켈란젤로에게 특히 힘겨운 한 해였어요.
가까이 지내던 여자 친구가 세상을 떠났고, 이제는
자신이 많이 늙었다는 생각을 떨칠 수 없었지요.

미켈란젤로는 몇 달간 일이 손에 잡히지 않을 정도로 몹시 우울해했어요.
그 와중에도 교황은 그에게 새로운 작업을 맡겼어요. **파올리나 예배당**에 벽화를
그려 달라고 했지요. 이 예배당은 사람들이 각자 조용히 기도하는 곳이었어요.

「성 베드로의 십자가형」
1546-1550년, 프레스코, 625×662cm, 파올리나 예배당, 바티칸 시국

이 벽화가 있는 파올리나 예배당은 공개되지 않은 곳이라 그림을 직접 볼 수 없어. 대신 웹 페이지에서 가상으로 체험할 수 있는 서비스를 제공하고 있지.

예수의 제자인 베드로가 머리를 밑으로 두고 십자가에 못 박혀 있어. 그는 '감히 예수님과 같은 벌을 받을 수 없다.'는 이유로 이렇게 거꾸로 못 박히기를 원했대.

1555년

마지막까지 놓지 못한 작품

일생의 마지막 무렵, 미켈란젤로는 당대의 가장 중요한 예술가로 인정받았어요.
그는 이제 더 이상 명예를 욕심내지 않고, 종교에 온 마음을 다하고 싶었어요.

그가 마지막으로 조각한 것은 피에타였어요.
젊은 시절에 작업한 피에타와는 달리, 매우 단순한 형태로 만들어서
예수의 죽음이 전하는 메시지에 집중하려 했지요.

1564년 2월 18일, 미켈란젤로는 세상을 떠나는 날까지
이 작품을 만들고 있었답니다.

「론다니니의 피에타」의 전시 공간에는 오로지 이 한 작품만 있어.

「론다니니의 피에타」
1555-1564년, 대리석, 높이 195cm,
스포르체스코 성(론다니니 피에타 박물관), 이탈리아 밀라노

2000년대

거장의 시대로 한 걸음 더

미켈란젤로가 숨을 거두었을 때, 세상은 **조각가, 화가, 건축가, 시인**을 한꺼번에 잃은 셈이었어요. 그가 조각한 「다비드」와 「피에타」, 그가 그린 「천지 창조」, 「최후의 심판」은 서양 예술사의 걸작으로 꼽혀요. 그가 설계와 공사에 참여한 성 베드로 대성당은 로마 가톨릭교회를 대표하는 건축물이지요.

미켈란젤로는 살아생전에 모든 분야에서 완벽한 예술가로 남기 위해 끊임없이 노력했어요. 그래서 일생의 마지막 무렵에는 작품을 구상할 때 그렸던 수천 장의 습작을 사람들 몰래 태워 버리기도 했지요.

당시 예술가들은 생계를 유지하기 위해 일을 많이 해야 했고,
혼자서 작업하기 힘든 커다란 작품은 제자들의 도움을 받아야 했어요.
하지만 미켈란젤로는 달랐지요. 그는 탁월한 재능을 발휘해서
누구에게도 기대지 않고 꿋꿋이 나아간 **고독한 천재**로 알려져 있답니다.

2000년대

미켈란젤로의 작품을 볼 수 있는 곳

미켈란젤로가 살던 시대에는 예술 작품을 주문할 때 계약서를 썼어요. 덕분에 우리는 그의 작품이 언제 만들어졌는지 알 수 있지요. 하지만 아쉽게도 미켈란젤로가 직접 서명을 남긴 작품은 「피에타」뿐이랍니다.

미켈란젤로는 이탈리아 지역을 떠난 적이 없어요. 그래서 그의 작품 역시 그가 태어나고 활동했던 이탈리아의 대도시 피렌체와 로마에 주로 남아 있어요.

지금은 이탈리아 말고 다른 나라에도 미켈란젤로의 조각상이 있어요.
벨기에의 브뤼헤, 프랑스의 파리, 영국의 런던, 러시아의 상트페테르부르크에 있지요.
파리에서는 루브르 박물관에 가면 미켈란젤로의 「죽어 가는 노예」와
「반항하는 노예」를 감상할 수 있답니다.